ORGANISATION

DU

CORPS TÉLÉGRAPHIQUE

PORTUGAIS

PARIS

IMPRIMERIE SIMON RAÇON ET COMPAGNIE

RUE D'ERFURTH, 1

1865

ORGANISATION

DU

CORPS TÉLÉGRAPHIQUE

PORTUGAIS

DIRECTION GÉNÉRALE DES TÉLÉGRAPHES PORTUGAIS

ORGANISATION

DU

CORPS TÉLÉGRAPHIQUE

PORTUGAIS

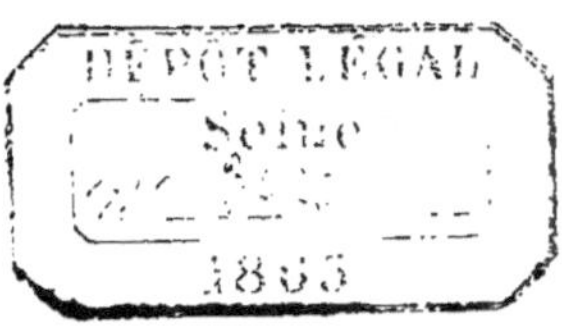

PARIS

IMPRIMERIE SIMON RAÇON ET COMPAGNIE

RUE D'ERFURTH, 1

1865

RAPPORT AU ROI

Sire,

Dans tous les pays où la télégraphie électrique existe, on s'est efforcé d'améliorer cet important service par des réformes successives indiquées par la pratique et réclamées par les rapides progrès de la science.

Dans notre pays, où ce merveilleux système a été introduit dès l'année 1856, aucune altération n'a été décrétée, et à peine la loi du 30 juillet 1856, quelques arrêtés et instructions de la Direction générale ont réglé le service des lignes et des stations.

C'est ainsi que l'organisation militaire, donnée en 1807 au corps télégraphique, a été, avec de légers changements, l'unique loi réglant le personnel employé aux télégraphes, jusqu'au moment où, en conséquence de la nouvelle réforme de l'armée, on procéda, le 5 août dernier, à une réforme provisoire, réforme qui doit être convertie en une organisation définitive du service de la télégraphie, suivant les dispositions de l'article 58 du décret du 3 octobre de l'année courante[1].

C'est pour ces raisons que le gouvernement de Votre Majesté a jugé indispensable de décréter le plan d'organisation dit Direction générale des Télégraphes du Royaume, que j'ai l'honneur de soumettre à la considération de Votre Majesté.

Il était indispensable de donner toute la force et la rapidité d'action possibles à la direction supérieure d'une branche de service qui peut avoir une

[1] Cet article et tous ceux cités plus loin du décret du 30 décembre 1864 sont transcrits à la suite du présent décret.

si grande influence sur le gouvernement et la civilisation des peuples.

Dans cette vue, et conformément à la pensée qui a présidé à la réforme du ministère des travaux publics, la direction générale des télégraphes a été mise au rang des autres directions générales du ministère, écartant ainsi les lenteurs administratives qui rendaient difficile la résolution des affaires supérieures de cette direction qui, comme étrangère au ministère, ne pouvait communiquer avec le ministre que par l'intermédiaire du secrétariat.

De cette façon, le directeur général aura la même position au ministère que les autres fonctionnaires de la même catégorie, et comme eux traitera directement avec le ministre les affaires de sa compétence.

A l'inspecteur incombera spécialement la partie technique du service et l'étude des progrès de la télégraphie, fonctions sans doute très-importantes pour la bonne marche et le perfectionnement successif du service télégraphique, mais qui s'accorderaient difficilement avec les nombreuses affaires dont le directeur général doit s'occuper, et peut-être aussi avec les conditions exigées dans une charge de confiance si particulière.

Dans l'organisation du secrétariat ou administration centrale du service télégraphique, on a réduit au plus simple le nombre des bureaux aujourd'hui existants. La direction de ces bureaux et celle des grandes divisions dans lesquelles, pour la régularité du service, a été divisé le réseau, est confiée aux directeurs télégraphiques, tirés du corps du génie civil ou de la classe supérieure du corps auxiliaire télégraphique et qui font partie du personnel supérieur des télégraphes, auquel il est indispensable d'avoir, outre la parfaite connaissance pratique de la télégraphie, une instruction suffisante dans les sciences physico - mathématiques et administratives.

Tous les autres employés de la direction, à l'exception du caissier-payeur, de l'interprète, du lithographe et du dessinateur, sont pris parmi les télégraphistes, par cette raison que la plus grande partie des écritures qu'ils ont à faire a directement trait au service télégraphique et ne peut, par conséquent, être convenablement faite sans une parfaite connaissance de ce service.

Pour que le contrôle du service soit suffisamment actif et pour que les dérangements des lignes et des appareils soient promptement relevés, il est indis-

pensable de subdiviser le réseau télégraphique en
petites sections sous les ordres d'une personne qui
joigne aux connaissances théoriques nécessaires
une longue pratique.

Dans la surintendance et l'administration supérieure du service télégraphique, sont employés,
suivant les dispositions du décret du 3 octobre dernier, les ingénieurs du corps du génie civil qui se
sont livrés à l'étude spéciale des applications de
l'électricité.

Cependant l'accès à ces positions élevées n'est
pas interdit aux employés du corps auxiliaire télégraphique qui, malgré des connaissances scolaires
plus modestes, pourraient, par l'étude, la pratique,
ou par un talent ou une vocation spéciale, se trouver
capables de les remplir.

Par les mêmes raisons, on a réservé un tiers
des vacances des emplois les plus élevés du corps
auxiliaire télégraphique pour être remplies par
les employés des classes inférieures qui, par leur
application, leur aptitude et leur bon service, de-
viendront dignes d'y être promus.

De la sorte, en même temps qu'on donne aux
connaissances scolaires la considération et la préférence auxquelles elles ont justement droit, on sti-

mule les études particulières, le zèle des employés subalternes, et on donne la possibilité, à ceux que la fortune a empêchés de les cultiver, de révéler leur talent et de le voir dûment utilisé et considéré.

Dans un corps auquel est confié un service dont l'exactitude intéresse tant la société et dans lequel des abus peuvent avoir de si graves conséquences, il était indispensable de récompenser la fidélité et le zèle, et de punir promptement les fautes; c'est pourquoi on a étendu aux employés du corps auxiliaire télégraphique le bénéfice des réformes concédées par le décret du 5 octobre aux employés du corps du génie civil et ses auxiliaires, et on a déterminé que les dispositions arrêtées par le même décret et relatives aux récompenses et aux peines seraient applicables aux deux catégories supérieures dudit corps auxiliaire: laissant aux règlements à déterminer les châtiments et encouragements des classes inférieures du corps et des facteurs et surveillants, dont il est évidemment nécessaire d'exciter le zèle plus souvent et plus promptement.

Il serait impossible, sans une grande charge pour le trésor, d'accorder des retraites aux surveillants et aux facteurs; il serait injuste cependant de ne pas récompenser l'important et pénible service qui leur est commis ; ces deux considérations ont été conciliées en leur donnant une augmentation de traitement proportionnelle au temps de service bon et effectif.

Pour les télégraphes sémaphoriques qui doivent être liés aux lignes générales pour le service maritime et qui doivent sans délai être établis en divers points de notre côte, il conviendra d'admettre des hommes ayant moins d'instruction, mais ayant la pratique de la mer appropriée à ce service.

En définitive, la présente organisation du service télégraphique et du personnel y employé, quoique ressemblant pour une certaine partie aux dernières réformes faites dans ce service en France et en Espagne, en diffère essentiellement par plus de simplicité et d'économie qu'on a cru convenable de lui donner pour l'accommoder à l'étendue et aux autres circonstances spéciales à notre pays.

Il n'était pas possible de remettre davantage cette indispensable réforme, mais, quant à présent, il ne convenait pas de la pousser plus loin. Espérons que les nécessités de l'administration et du public exigeront qu'on donne plus de développement à ce service et que cette exigence viendra bientôt, car elle marquera indubitablement un pas fait dans la voie de la civilisation et une augmentation de la richesse du pays.

Ministère des Travaux publics, du Commerce et de l'Industrie, le 30 décembre 1864.

Contre-signé,

JOAO CHRYSOSTOMO DE ABREU E SOUZA

Prenant en considération le rapport du Ministre Secrétaire d'État au département des Travaux publics, du Commerce et de l'Industrie, et usant de l'autorisation donnée au gouvernement par l'article 1ᵉʳ de la loi du 25 juin de cette année, je décrète ce qui suit :

ORGANISATION

DE LA DIRECTION GÉNÉRALE

DES TÉLÉGRAPHES DU PORTUGAL

CHAPITRE PREMIER

DE LA DIRECTION GÉNÉRALE ET DU PERSONNEL

ARTICLE PREMIER.

La direction générale des télégraphes de Portugal a à sa charge tout le service des lignes et des stations télégraphiques sous la dépendance du ministère des travaux publics, du commerce et de l'industrie.

ART. 2.

Le personnel chargé du service des télégraphes est composé de la manière suivante :

1° PERSONNEL SUPÉRIEUR.

1 directeur général.

1 inspecteur.

8 directeurs.

2° CORPS AUXILIAIRE TÉLÉGRAPHIQUE.

5 officiers de première classe.

10 officiers de deuxième classe.

20 télégraphistes chefs de première classe.

40 télégraphistes chefs de deuxième classe.

Télégraphistes subalternes de première classe.

Télégraphistes subalternes de deuxième classe.

Télégraphistes subalternes de troisième classe.

Ces trois dernières classes se composeront du nombre suffisant d'employés pour les besoins du service, et en raison de la dépense fixée annuellement dans le budget pour ce service.

§ 1er. Le nombre de télégraphistes subalternes de première classe ne pourra dépasser deux dixièmes et ceux de deuxième classe trois dixièmes du nombre total des fonctionnaires de ce grade.

§ 2. Outre ce personnel il y aura : des surveillants de première et de deuxième classe ; des facteurs à cheval, et des facteurs à pied de première et de deuxième classe.

§ 3. Le nombre des surveillants ne dépassera jamais le dixième du nombre de kilomètres des lignes établies.

CHAPITRE II

DES ATTRIBUTIONS ET DES NOMINATIONS
DU PERSONNEL SUPÉRIEUR

Art. 3.

Le directeur général des télégraphes est choisi et nommé par le gouvernement.

§ unique. Le directeur général reçoit directement les ordres du ministre auquel il a le droit de s'adresser ainsi qu'à toutes les autres autorités, et dirige le service télégraphique ; il propose les améliorations à faire dans le service, les récompenses et les peines applicables aux fonctionnaires qui les auront méritées; et enfin examine toutes les mesures d'exécution nécessaires dans les affaires de l'administration télégraphique, y pourvoit et en dirige la marche.

Art. 4.

L'inspecteur et les directeurs télégraphiques seront choisis parmi les ingénieurs du corps du génie civil ou parmi les officiers du Corps auxiliaire télégraphique qui seront capables d'en exercer les fonctions.

§ 1er. L'inspecteur peut, à défaut du directeur général, en remplir les fonctions; et il sera particulièrement chargé de l'inspection générale des lignes, des stations et de tout le service extérieur de l'administration supérieure. Il sera aussi chargé des études et des expériences tendantes au perfectionnement de la télégraphie, et proposera à la direction générale les améliorations dont le service est susceptible.

§ 2. Les directeurs serviront, ou comme chefs de bureaux à l'administration centrale des télégraphes, ou comme chefs de division du réseau télégraphique; ou enfin seront chargés d'une mission quelconque relative au service supérieur.

CHAPITRE III

SERVICE TÉLÉGRAPHIQUE ET SES DIVISIONS

ART. 5.

Le service de la direction générale des télégraphes se divise en service de l'administration centrale et en service extérieur des lignes et des stations.

Administration centrale.

Art. 6.

L'administration centrale des télégraphes sera dirigée par le directeur général et divisée comme il suit :

1° Bureau central.

2° Bureau du personnel.

3° Bureau du matériel, des lignes et des stations.

4° Bureau de la comptabilité.

§ 1er. Au bureau de la comptabilité il sera adjoint une caisse.

§ 2. Le service commis à chacun de ces bureaux et de leurs sections, ainsi que le nombre de ces dernières, sera déterminé par des règlements spéciaux.

Art. 7.

Le cadre du personnel de l'administration centrale des télégraphes sera :

4 chefs de bureau,

chefs de section,

50 télégraphistes employés dans les bureaux,

1 interprète,
1 caissier-payeur,
1 garde-magasin,
1 lithographe,
5 ouvriers imprimeurs de lithographie,
Hommes de peine.

Art. 8.

Les chefs de bureau seront choisis par le gouvernement parmi les directeurs télégraphiques.

Art. 9.

Les chefs de section seront aussi nommés par le gouvernement, sur la proposition du directeur général, parmi les officiers du corps télégraphique

Art. 10.

Le gouvernement peut aussi choisir, parmi les officiers du corps télégraphique, les chefs de bureau, lorsque dans la catégorie des directeurs télégraphiques il n'y aura pas le nombre d'employés disponibles pour ce service, ayant les qualités requises.

Art. 11.

Les employés de bureau seront nommés sur la proposition du directeur général, et choisis parmi les télégraphistes chefs ou les télégraphistes subalternes de chaque classe, selon que le service l'exigera.

Art. 12.

Les fonctions et la nomination du caissier-payeur seront réglées conformément à ce qui est ou sera établi à l'égard des autres caissiers-payeurs du ministère des travaux publics, sauf les altérations que l'on jugera à propos d'adopter dans les règlements du service spécial des télégraphes.

Art. 13.

Les places d'interprète et de lithographe seront données au concours.

Art. 14.

Le garde-magasin sera nommé sur la proposition du directeur général des télégraphes, et moyennant le cautionnement fixé par les règlements.

Des lignes et des stations.

Art. 15.

Tout le réseau télégraphique du royaume sera partagé en divisions, et les divisions en sections, dont le nombre et l'étendue seront déterminés selon les exigences du service.

Art. 16.

A la tête de chaque division il y aura un directeur télégraphique.

§ unique. Tout le service relatif à l'établissement, à la conservation et à l'exploitation des lignes et des stations télégraphiques dans leur division respective sera dirigé et contrôlé par ces fonctionnaires.

Art. 17.

Tout le service relatif à l'établissement, à la conservation et à l'exploitation des lignes et des stations télégraphiques comprises dans chaque section sera dirigé et contrôlé par un officier télégraphique ou par un télégraphiste chef sous les ordres du directeur de la division respective.

Art. 18.

Les stations télégraphiques du royaume seront divisées en classes, selon l'importance et la nature de leur service.

§ 1er. Des règlements spéciaux détermineront le mode et la durée du service, et le personnel employé dans chacune des susdites stations.

§ 2. Le directeur général des télégraphes distribuera par les stations les télégraphistes du cadre, eu égard aux exigences du service et aux classes auxquelles ils appartiendront.

Art. 19.

Le service relatif à la conservation et aux petites réparations des lignes sera fait par des surveillants de première et de deuxième classe.

§ unique. Dans les stations où les règlements établissent un service extérieur, il sera fait par des facteurs à pied ou à cheval.

Art. 20.

Pour l'établissement de nouvelles lignes et de nouvelles stations, ou pour les grandes réparations il pourra être créé temporairement des divisions et des sections spéciales sous la direction des directeurs et des officiers télégraphiques.

CHAPITRE IV

DE LA POSITION DES EMPLOYÉS RELATIVEMENT AU SERVICE

Art. 21.

Les dispositions des art. 16, 17, 18 et 19 du décret du 5 octobre dernier seront applicables aux employés supérieurs et à ceux du corps auxiliaire télégraphique.

CHAPITRE V

DE L'ADMISSION ET DE L'AVANCEMENT

Art. 22.

Pour être admis dans le corps auxiliaire télégraphique, sauf l'exception de l'art. 27, il faudra l'être d'abord dans la classe des télégraphistes aspirants, qui n'appartiennent pas au cadre, et dont le nombre peut varier selon les exigences du service.

Art. 23.

Pour être admis comme télégraphiste aspirant, il faut :

1° Être âgé de plus de dix-huit ans et de moins de trente.

2° Avoir une santé suffisante et les autres qualités physiques nécessaires pour bien s'acquitter du service télégraphique;

3° Prouver une bonne conduite morale et civile;

4° Savoir lire et écrire correctement ; posséder la connaissance de l'arithmétique élémentaire, de la géométrie, de la géographie et de la langue française.

§ 1er. Les première, deuxième et troisième conditions requises devront être prouvées par des documents, et la quatrième par un examen devant une commission nommée à cet effet.

§ 2. Seront admis à la place de télégraphistes maritimes les télégraphistes aspirants qu'exigera le service. Pour ces individus, au lieu de l'examen ci-dessus désigné, on exigera seulement qu'ils sachent lire et écrire, et aient la pratique de la mer nécessaire pour ce service.

Art. 24.

Les télégraphistes subalternes de troisième classe seront nommés parmi les télégraphistes aspirants qui, par leur conduite et leur aptitude, seront dignes d'être admis dans le cadre.

Art. 25.

Les télégraphistes aspirants qui donneront des preuves de mauvaise conduite et de peu de zèle et d'aptitude seront renvoyés.

Art. 26.

Les télégraphistes subalternes de première et de deuxième classe seront choisis parmi ceux de la classe immédiatement inférieure, qui pendant six mois de service bon et continuel auront donné des preuves de zèle et d'aptitude.

§ unique. Le temps exigé dans cet article peut ne pas l'être en cas urgent de service, ou pour motif de distinction.

Art. 27.

Les individus qui auront suivi le cours de télégraphie dans les écoles industrielles de Lisbonne et de
Porto seront admis, par concours de documents, au
service télégraphique avec le grade de télégraphistes
chefs de deuxième classe et les appointements de
télégraphiste de première classe.

§ 1er. Le nombre de ces individus n'ira jamais
au delà de six.

§ 2. Ceux qui donneront des preuves de mauvaise
conduite et de peu de zèle et d'aptitude seront renvoyés.

Art. 28.

Les places vacantes de télégraphistes chefs de
deuxième classe du cadre seront remplies, deux tiers
par les télégraphistes gradés dont il est question
dans l'article précédent, et qui pendant six mois, au
moins, auront donné des preuves de bonne conduite,
d'aptitude et de zèle pour le service ; et un tiers par
les télégraphistes subalternes de première classe
qui, ayant plus d'une année de service bon et assidu
dans cette classe, auront satisfait à l'examen

§ 1er. Un règlement déterminera les matières sur

lesquelles portera l'examen et la manière dont il devra être fait.

§ 2. En cas qu'il n'y ait pas un nombre suffisant de télégraphistes gradés pour remplir, comme il a été dit, les deux tiers des places vacantes, les autres pourront être remplies de la même manière par des télégraphistes subalternes de première classe.

Art. 29.

Le passage de la deuxième classe à la première dans la catégorie de télégraphistes chefs et dans celles des officiers, sera réglé par l'ancienneté du service dans ces mêmes classes, sauf les exceptions spécifiées dans les art. 29, 30 et 84 du décret du 3 octobre dernier, appliquées au corps télégraphique, et celles qui seront motivées par un mauvais service ou une mauvaise conduite.

Art. 50.

Les places vacantes d'officiers de deuxième classe seront remplies par concours entre les télégraphistes chefs de première classe du cadre.

§ unique. Le règlement auquel a rapport le § 1ᵉʳ de l'article 28 désignera le mode de ce concours.

Art. 31.

Pour les promotions dont il s'agit dans les deux articles précédents, il sera toujours indispensable d'avoir au moins deux années de service dans la classe immédiatement inférieure.

CHAPITRE VI

DES TRAITEMENTS

Art. 32.

Le directeur général des télégraphes, quelle que soit sa catégorie dans les corps auxquels il appar_tiendra, jouira des traitements assignés aux inspecteurs généraux du génie civil.

Art. 33.

Les officiers du corps auxiliaire télégraphique qui seront nommés directeurs auront le rang d'ingénieurs subalternes de première classe et recevront les traitements correspondants ; et ceux qui seront élevés à la place d'inspecteurs jouiront aussi du rang et des appointements d'ingénieurs chefs de première classe.

Art. 34.

Les traitements du caissier-payeur seront réglés selon ses fonctions, et selon ce qui est ou sera établi pour les employés de cette catégorie au ministère des travaux publics.

Art. 35.

Les traitements des autres employés du service télégraphique sont indiqués dans le tableau suivant :

EMPLOI	TRAITEMENT	
	MENSUEL.	JOURNALIER
	REIS.	REIS.
Officiers de 1re classe.	45$000	»
Officiers de 2e classe.	55$000	»
Télégraphistes chefs de 1re classe. .	30$000	»
Télégraphistes chefs de 2e classe. .	25$000	»
Télégraphistes subalt. de 1re classe.	19$000	»
Télégraphistes subalt. de 2e classe..	16$000	»
Télégraphistes subalt. de 3e classe..	13$000	»
Télégraphistes aspirants.	9$000	»
Interprète.	40$000	»
Garde-magasin.	25$000	»
Lithographe..	30$000	»
Dessinateur..	21$500	»
Imprimeur.	»	0$700
Survellants de 1re classe..	»	0$400
Surveillants de 2e classe.	»	0$300
Facteurs à cheval.	»	0$400
Facteurs à pied de 1re classe. . . .	»	0$360
Facteurs à pied de 2e classe.. . . .	»	0$300

§ unique. Un règlement spécial fixera les gratifications qui seront assignées aux employés, conformément à l'art. 63 du décret du 3 octobre de cette année.

CHAPITRE VII

DISPOSITIONS DISCIPLINAIRES

ART. 36.

Les employés qui violeront le secret des dépêches officielles ou privées seront expulsés.

§ 1er. Les dispositions des articles 64, 65, 66, 67, 68, 69 et 70 du décret du 3 octobre dernier sont applicables au personnel supérieur du service télégraphique et aux officiers et chefs stationnaires du corps télégraphique.

§ 2. Un règlement disciplinaire fixera les peines applicables aux télégraphistes subalternes, aux surveillants et aux facteurs.

CHAPITRE VIII

DE LA RETRAITE ET DES RÉCOMPENSES

Art. 57.

Les articles 78, 79, 80 et 82 du décret du 5 octobre de cette année sur la retraite, seront applicables aux membres du corps télégraphique.

§ 1er. Les articles 84 et 85 du susdit décret seront aussi applicables aux télégraphistes chefs et aux employés des catégories supérieures du corps télégraphique.

§ 2. Un règlement spécial fixera la manière de récompenser les services distingués des télégraphistes subalternes, des surveillants et des facteurs.

Art. 58.

Le traitement du surveillant et du facteur qui comptera dix ans de service effectif sera augmenté d'un cinquième ; et le traitement de celui qui comptera vingt ans d'un pareil service sera augmenté d'un tiers.

CHAPITRE IX

DISPOSITIONS TRANSITOIRES

Art. 39.

Dans la première organisation du service télégraphique sera observé tout ce qui est ordonné dans
les articles 86, 87, 88, 89 et 90, titre VIII du décret
du 5 octobre dernier,

Art. 40.

Toute législation contraire est révoquée par le
présent décret.

Que le ministre et secrétaire d'État se conforme
au présent décret et le fasse exécuter.

Fait au Palais, le 30 décembre 1864.

Roi

Contre-signé :

JOAO CHRISOSTOMO ABREU E SOUZA

ARTICLES

DU

DÉCRET DU 5 OCTOBRE 1864

SUR

L'ORGANISATION DU CORPS DU GÉNIE CIVIL
ET SES AUXILIAIRES
AUXQUELS SE RAPPORTE LE DÉCRET DU 30 DÉCEMBRE DE LA MÊME ANNÉE
POUR L'ORGANISATION
DE LA DIRECTION GÉNÉRALE DES TÉLÉGRAPHES DU ROYAUME

Art. 16.

Il y a, pour les ingénieurs, trois états de service :
État d'activité,
État de disponibilité,
État d'inactivité.

Art. 17.

L'état d'activité embrasse les ingénieurs en service effectif.

§ 1er. Le service actif des ingénieurs du gouvernement est incompatible avec le service d'entreprises ou de compagnies quelconques.

§ 2. Les ingénieurs ne pourront se mettre au

service d'aucune entreprise ou compagnie sans la permission du gouvernement ; et dès qu'ils le feront, ils passeront à l'état d'inactivité, et seront considérés comme en congé illimité.

§ 3. Les ingénieurs qui entreront au service d'entreprises et de compagnies quelconques sans la permission du gouvernement recevront leur démission.

Art. 18.

L'état de disponibilité comprend les ingénieurs qui se trouvent sans fonctions pour cause de maladie ou en vertu d'un congé dont la durée va au delà de trois mois, ou faute de place dans le service actif.

§ unique. Les ingénieurs qui par une blessure ou par tout autre accident occasionné par le service dont ils seront chargés, se trouveront dans l'impossibilité de continuer leur service pendant plus de trois mois, seront conservés dans l'état d'activité.

Art. 19.

L'état d'inactivité comprend les ingénieurs dans les conditions suivantes :

1° Congé illimité ;

2° Suspension par mesures disciplinaires spécifiées dans le chapitre XIII.

Art. 20.

Aucun ingénieur ne pourra obtenir un congé
illimité que quand il aura été cinq ans, au moins,
en service actif.

§ unique. L'ingénieur qui, après cinq ans de
congé illimité, ne rentrera point au service, perdra
droit à tout avancement; et si après cinq autres
années il ne se présente point, il devra se considérer
comme exclu du service, de même que s'il l'avait
requis.

Art. 30.

Les ingénieurs en état d'inactivité n'ont droit à
de l'avancement que pendant les cinq premières
années de congé illimité.

Art. 58.

Les télégraphistes ne formeront qu'un seul corps
qui sera exclusivement chargé du service spécial des

télégraphes, sous les ordres des ingénieurs nommés pour la direction supérieure et pour l'inspection du service.

Un décret spécial réglera l'organisation, le cadre et les autres circonstances relatives à ce corps et au service dont il doit s'acquitter.

CHAPITRE XIII

Des Traitements.

ART. 59.

Les traitements des ingénieurs, des architectes et des conducteurs sont fixés ainsi qu'il suit :

	TRAITEMENT MENSUEL
	REIS
Inspecteur général.	150$000
Inspecteur de division	130$000
Ingénieur de première classe. . . .	110$000
Ingénieur de deuxième classe. . . .	90$000
Ingén. subalterne de première classe.	60$000
Ingén. subalterne de deuxième classe	50$000
Ingén. aspirant de première classe. .	40$000
Ingén. aspirant de deuxième classe. .	30$000
Architecte de première classe. . . .	90$000

Architecte de deuxième classe. . . .   60$000

Architecte de troisième classe . . . .   40$000

Dessinateur . . . .   21$500

Conducteur de première classe. . . .   45$000

Conducteur de deuxième classe . . .   55$000

Conducteur de troisième classe . . .   30$000

Conducteur de quatrième classe. . .   25$000

Conducteur auxiliaire . . . .   21$500

Art. 60.

Les ingénieurs, les architectes et les conducteurs, de quelque catégorie que ce soit, qui seront chargés des fonctions d'une catégorie supérieure, percevront, outre leurs appointements, la moitié de la différence des traitements des deux catégories.

Art. 61.

Les ingénieurs, les architectes et les conducteurs qui seront passés à l'état de disponibilité percevront la moitié du traitement de l'état d'activité relatif à leur grade.

Art. 62.

Les ingénieurs, les architectes et les conducteurs qui seront passés à l'état d'inactivité par un congé

illimité ne percevront aucun traitement ; et si c'est
par une mesure disciplinaire, ou ils en seront pri-
vés, ou ils percevront celui qui leur sera fixé par décision supérieure, et qui ne pourra toutefois aller au
delà de la moitié du traitement d'activité relatif à
leur catégorie.

Art. 63.

Il sera assigné aux ingénieurs, aux architectes et
aux conducteurs en service hors de leurs résidences
ou en commissions extraordinaires dans le pays ou
au dehors, une gratification journalière ou men-
suelle selon leur catégorie, la nature du service, le
travail effectif, les dépenses qui y seront inhérentes,
et les autres circonstances spéciales de chaque mission.

Ces gratifications seront, autant que possible,
fixées dans les règlements par des tarifs et des dispositions générales.

CHAPITRE XIV

Dispositions disciplinaires.

Art. 64.

Les peines disciplinaires applicables aux ingénieurs, aux architectes et aux conducteurs sont :

La réprimande enregistrée ;

La suspension de leurs fonctions ;

L'état d'inactivité ;

La démission.

§ unique. Ces peines ne pourront être appliquées
aux employés sans qu'ils aient été entendus, excepté
la suspension par nécessité urgente, et dans ce cas
ils ne seront entendus qu'après.

Art. 65.

Tout ingénieur, architecte ou conducteur réduit
par la suspension à l'état d'inactivité perd droit à ses
appointements.

Art. 66.

La suspension d'un ingénieur, d'un architecte ou
d'un conducteur peut être proposée, ou même or-

donnée en cas d'urgence par le chef immédiat, sous sa responsabilité ; mais elle devra toujours être confirmée par le directeur général des travaux publics et des mines, dans le délai de quinze jours, sur le continent du royaume, et de trente jours dans les îles adjacentes, autrement elle cessera à la fin de ce délai.

§ 1er. Les fonctionnaires ne seront considérés en activité que lorsque la suspension n'aura pas lieu pour plus de deux mois consécutifs, excepté dans les cas où elle serait ordonnée par suite d'un procès et d'un jugement faits conformément aux dispositions réglementaires.

§ 2. De même l'inspecteur ou le directeur respectifs, dans l'exercice de leurs fonctions, peuvent ordonner ou proposer la suspension d'un ingénieur, d'un architecte ou d'un conducteur.

Art. 67.

Le passage à l'état d'inactivité, avec ou sans traitement, est ordonné par le ministre.

§ unique. Aucun ingénieur, architecte ou conducteur ne pourra être conservé par mesure disciplinaire dans l'état d'inactivité pendant plus de six mois, sans l'avis préalable du conseil des travaux publics et des mines.

Art. 68.

Tout ingénieur architecte ou conducteur peut être démis, lorsqu'il aura subi pour des fautes trois corrections dans le délai de deux ans.

§ 1er. De même peuvent être démis tous ceux qui seront convaincus de manque de probité ; qui auront fait sciemment un faux rapport ou qui auront cherché à induire en erreur l'administration, sur des faits dont il était important qu'elle eût connaissance, sans qu'ils soient toutefois à l'abri d'une poursuite judiciaire.

§ 2. Dans tous les cas, la démission ne pourra pas avoir lieu sans que le conseil des travaux publics et des mines ait été préalablement entendu.

Art. 69.

Dans les cas des art. 67 et 68, le conseil des travaux publics et des mines se réunira en séance extraordinaire, et donnera son avis officiel sur un procès-verbal d'investigation qui devra lui être présenté avec toutes les informations qu'il jugera nécessaires.

§ 1er. Le susdit procès-verbal sera dressé à la suite d'enquêtes faites par un conseil spécial composé de trois ingénieurs nommés à cet effet.

§ 2. En cas que ce procès ne soit pas intenté dans le délai fixé par l'art. 66, la suspension cessera de fait.

Art. 70.

Les peines peuvent être appliquées, et rendues ou non publiques, selon le degré de culpabilité.

§ 1er. La publication des peines est l'insertion de la décision qui les a infligées dans le *Bulletin* ou dans toute autre publication officielle du ministère.

§ 2. Les peines infligées aux ingénieurs, architectes ou conducteurs seront enregistrées dans des livres *ad hoc*. Ces notes peuvent être cependant rayées par décision du ministre, en considération d'un service exemplaire.

Art. 78.

Les ingénieurs, les architectes et les conducteurs qui compteront vingt ans d'un service bon et assidu, et qui pour cause d'incapacité physique ne pourront continuer leur service, seront mis en retraite avec la moitié de leur traitement.

Art. 79.

Les ingénieurs, les architectes et les conducteurs qui compteront vingt-cinq ans de service bon et assidu et se trouveront incapables d'un service actif seront mis en retraite avec les deux tiers de leur traitement.

Art. 80.

Les ingénieurs, les architectes et les conducteurs qui compteront trente ans de service bon et assidu et se trouveront, pour cause de maladie, dans l'impossibilité physique de continuer leur service, seront mis en retraite avec leur traitement en entier.

Art. 82.

Les ingénieurs, les architectes et les conducteurs qui, ne comptant pas encore vingt ans de service, seront dans l'impossibilité de continuer leur service pour cause de blessure ou d'autre accident éprouvé dans l'exercice de leurs fonctions, auront droit à une retraite qui sera fixée par le Corps législatif, pour chaque cas spécial, et sur proposition du gouvernement.

Art. 84.

Les ingénieurs, les architectes et les conducteurs du corps du génie civil, et ceux des corps auxiliaires qui se distingueront dans le service par quelque travail ou quelque découverte reconnue comme étant d'une grande importance pour les sciences et les arts, et principalement pour celles qui font l'objet de leur profession ; ceux qui auront fait une chose d'un grand mérite ou un travail d'une grande utilité publique et d'un mérite reconnu ; surmonté une grande difficulté, et bravé un grand danger, auront droit aux récompenses suivantes :

1° Éloge publié dans un décret royal, ou toute autre distinction honorifique ;

2° Pension ou prix pécuniaire proposé par le gouvernement et approuvé par les Chambres ;

3° Promotion à la classe immédiatement supérieure par distinction.

Art. 85.

Le conseil général des travaux publics et des mines appréciera et classifiera par ordre du gouvernement l'importance et le mérite de l'action qui recommandera l'ingénieur, l'architecte ou le conducteur, et donnera son avis sur la nature de la récompense qui doit être conférée s'il trouve qu'elle doive l'être.

Art. 86.

Dans la première organisation du service seront considérés comme aptes à faire partie des cadres du corps du génie civil et ses auxiliaires, les individus qui au ministère des travaux publics ont été chargés de fonctions de service technique d'une nature et d'une importance pareille ou semblable à celles qui, conformément aux dispositions de cette loi, appartiennent à chacun des susdits corps techniques.

Art. 87.

Le placement des individus dont il est question dans l'article précédent, par catégories et par classes, dans chaque corps, sera réglé ainsi qu'il suit .

§ 1er. Sur le degré d'importance des fonctions du service technique que chacun d'eux a rempli ou qu'il remplit encore, comparée à celles des fonctions qui, en vertu de ce décret, appartiennent à chacune des différentes classes des corps techniques, et sur la manière dont ils ont rempli ces mêmes fonctions.

§ 2. Sur l'ancienneté de service de chacun d'eux dans les différentes espèces de service technique sous la direction du ministère des travaux publics.

§ 3. Sur l'ancienneté et l'importance de leurs cours scientifiques respectifs.

Art. 88.

Les cadres des corps du génie civil et auxiliaires ne seront remplis que lorsque le service l'exigera.

Art. 89.

Le gouvernement est autorisé à conserver la somme totale de leurs traitements actuels aux employés des différentes classes sous la direction du ministère des travaux publics tant qu'il sera nécessaire de conserver ces fonctionnaires dans les missions de service où ils sont employés, ou dans d'autres de même nature.

Art. 90.

Le gouvernement dressera tous les règlements nécessaires pour l'exécution de ce décret.

DÉCRET

DU

31 DÉCEMBRE 1864

Usant de l'autorisation accordée au gouvernement par l'art. 1er de la loi du 25 juin de cette année, je décrète ce qui suit :

ARTICLE PREMIER.

Les lignes télégraphiques de quelque système que ce soit, et celles des signaux maritimes destinées au service officiel du gouvernement et à celui des particuliers, appartiennent à l'État.

§ unique. On excepte les télégraphes particuliers établis par l'expresse autorisation du gouvernement, et exclusivement destinés au service d'une entreprise, ou d'un particulier.

ART. 2.

Les concessions pour l'établissement des lignes télégraphiques particulières, leurs dispositions, l'établissement, l'administration et le contrôle des lignes télégraphiques publiques, appartiennent au gouvernement, par le département des travaux publics, du commerce et de l'industrie.

Art. 3.

Le gouvernement peut refuser les concessions indiquées dans le paragraphe unique de l'art. 1er, et dans l'art. 2, ou retirer celles qu'il aura déjà faites, quand l'intérêt public l'exigera, et l'on ne pourra appeler de sa décision, ni en tirer droit à une indemnité.

Art. 4.

Le gouvernement pourra contracter avec quelque entreprise l'établissement de lignes télégraphiques aériennes ou souterraines, pour le service général du gouvernement et du public, pour un temps déterminé, et servent de dispositions forcées à ce contrat les suivantes :

1° Le matériel employé revient à l'État une fois écoulé le temps fixé pour cette concession.

2° On doit suivre les instructions indiquées dans

la télégraphie de l'État concernant l'expédition et l'ordre des dépêches.

3° Le gouvernement a le droit d'établir un ou deux fils, pour le service de l'État, sur les poteaux de l'entreprise.

4° Les entreprises seront obligées de payer à l'État tant pour cent de leur bénéfice net.

5° Le gouvernement a le droit de contrôler le service télégraphique des entreprises et de le faire suspendre quand le bien de l'État et l'ordre public l'exigeront.

6° Lorsque les entreprises refuseront d'accepter tout ou partie de ces conditions, et quand on stipulera une subvention, un emprunt, une exemption ou une garantie d'intérêt; le contrat dépendra de l'approbation des Chambres.

Art. 5.

La correspondance concernant le service public, ne sera transmise gratuitement que par les personnes déclarées dans le règlement et par les fonctionnaires indiqués, et dans les termes précis dudit règlement.

§ unique. En attendant qu'il y ait deux fils exclusivement destinés, l'un au service officiel du gouvernement, et l'autre à celui des particuliers, les dépêches officielles auront la préférence sur les privées.

Art. 6.

Tous les individus sans distinction de nationalité ont droit à transmettre toute correspondance par les télégraphes de l'État en se soumettant aux dispositions du présent décret et au règlement correspondant.

§ unique. Le gouvernement pourra suspendre la transmission de ces correspondances, toutes les fois que le bien de l'État et l'ordre public l'exigeront.

Art. 7.

Les chefs de stations télégraphiques peuvent refuser de transmettre et d'expédier des dépêches privées, quand la morale et l'ordre public l'exigeront. On peut appeler de ce refus, à Lisbonne, au Directeur général des télégraphes; et ailleurs, à l'Administrateur du *concelho* ou du *bairro* (quartier) où sera situé la station.

Art. 8.

Les dépêches particulières sont assujetties au payement des taxes et des frais suivants :

§ 1er Il y aura une taxe unique pour l'expédition de tous les télégrammes pour l'intérieur du royaume. Cette taxe sera de 300 reis pour les dépêches d'un à vingt mots. On payera en plus, 50 reis pour chaque série de cinq mots ou fraction de cinq mots excédants.

§ 2e On comptera pour un mot, pour le payement des taxes télégraphiques :

1° Les nombres composés jusqu'à cinq chiffres ;

2° Chaque série jusqu'à cinq chiffres de plus que les nombres précédents ;

3° Les noms composés, de même que les noms de famille et les titres de noblesse, qui contiendront des mots inséparables ;

4° Les noms des rues, accompagnés du numéro de la maison et de l'étage, les noms des hôtels, des fermes, des fabriques, des casernes ou quelque autre indication d'habitation ou domicile.

§ 3e On ne compte pas les traits d'union, ni les signes de ponctuation, mais on taxera tous les autres signes par le nombre des mots qu'il faudra employer pour les traduire.

§ 4e La désignation des stations de départ et d'arrivée des dépêches, les noms des personnes qui les envoient et de celles auxquelles elles sont adressées, la date et les signatures des personnes qui les apportent, ne sont pas taxés, à moins qu'ils ne soient écrits dans le contenu même des dépêches.

§ 5e Les particuliers pourront exiger de la station destinataire, la répétition de leurs dépêches pour la station du départ, en payant préalablement pour cela une somme égale au prix de la même dépêche.

§ 6e Si l'on veut savoir à quelle heure la dépêche est arrivée à la demeure de la personne à laquelle elle a été adressée, on payera une somme équivalente au prix d'une dépêche ordinaire destinée au même endroit.

§ 7e La dépêche adressée à plus d'une personne payera la taxe correspondante, et de plus 100 reis pour chaque copie.

§ 8e On enverra gratuitement les dépêches à la demeure des individus auxquels elles sont adressées, s'ils habitent dans la localité où la station destinataire est située.

§ 9ᵉ Cependant, si ces individus demeurent hors de cette localité, l'envoi sera fait par un exprès, ou par la poste, au choix de l'expéditeur ; dans le premier cas, la personne qui recevra la dépêche, payera l'exprès, et dans le second cas, l'expéditeur mettra un timbre de 25 reis sur la dépêche, qui sera ensuite envoyée comme lettre officielle.

§ 10ᵉ Dans le cas du paragraphe 9, l'expéditeur doit déclarer dans la dépêche, s'il veut que l'envoi soit fait par un exprès ou par la poste, et les mots formant cette déclaration seront comptés pour la taxe télégraphique.

§ 11ᵉ Dans les stations où il y aura un service de nuit, on ne payera pas pour ce service une taxe plus forte.

Art. 9.

Ce sera par des timbres-poste que l'on fera le payement des taxes et autres dépenses indiquées dans l'art. 8, aussi bien que le payement préalable des réponses aux télégrammes, l'expéditeur devant pour cela, déclarer entre le texte et la signature : *Réponse payée.* Ces mots seront du nombre de ceux qui seront taxés

1° Le gouvernement décrétera à quelle époque doit commencer le payement d'après le système des timbres-poste ; en attendant on continuera à faire tous les payements dans les stations télégraphiques en monnaie courante.

2° L'expéditeur perd le droit au prix des timbres qu'il a employés pour la réponse, si celle-ci ne s'est pas effectuée, ou si elle est composée de moins de mots que ceux qu'il a payés.

3° Si la réponse reçue est composée d'un plus grand nombre de mots que ceux déjà payés, elle ne sera pas remise sans qu'on ait payé, également en timbres, la valeur correspondante à la différence.

4° Dans toutes les stations telégraphiques il y aura un cachet particulier pour inutiliser tous les timbres, qui représentent le payement légal de l'expédition des dépêches, aussitôt leur arrivée, suivant en tout point ce qui est établi dans les règlements.

Art. 10.

On garantit l'inviolabilité du secret des correspondances.

Art. 11.

L'État ne prend sous sa responsabilité que la remise ponctuelle des dépêches. Si une dépêche est remise après un temps aussi long ou plus long que celui nécessaire à l'envoi d'une lettre par la poste, l'expéditeur sera remboursé de tout ce qu'il aura payé.

Art. 12.

On conservera les originaux des dépêches privées pendant l'espace de cinq ans ; et les originaux des dépêches officielles, les bandes de papier contenant les signaux télégraphiques, leurs copies et les dépêches de réception seront conservés pendant l'espace d'un an seulement.

§ *unique*. A la fin des délais marqués dans cet article, on procédera à l'inutilisation de ces deux sortes de dépêches, bandes de papier et copies, de la manière marquée dans le règlement.

Art. 13.

Durant le temps fixé à l'art. 12, les expéditeurs ou destinataires pourront exiger du chef de la division télégraphique qu'il leur soit délivré un certificat de la dépêche qu'ils auront expédiée ou reçue. On payera 300 reis pour chaque certificat. Mais si les indications nécessaires ne sont pas jointes à la demande, ou qu'elles ne soient pas expliquées dans son contenu, de sorte qu'il faille procéder à une recherche, on payera 200 reis pour chaque mois.

Art. 14.

Lorsque le gouvernement le jugera convenable, les taxes et les frais déclarés dans les articles précédents pourront être altérés.

Art. 15.

Tous les employés qui dévoilent, de quelque manière que ce soit, le secret des correspondances officielles ou privées, qui les soustraient, qui les suppriment ou les ouvrent, seront immédiatement renvoyés et remis au pouvoir des tribunaux pour subir les peines établies dans le Code pénal.

Art. 16.

Les employés qui altéreront les dépêches officielles, ou privées, soit dans la station du départ soit dans celle de l'arrivée, seront immédiatement renvoyés, sans préjudice de la responsabilité civile ou criminelle qu'ils auraient méritée pour les conséquences de cette altération.

Art. 17.

Tous les employés du service télégraphique sont considérés comme employés publics, non-seulement pour la punition des crimes qui sont commis contre eux, mais aussi pour la punition de ceux qu'ils peuvent commettre.

§ unique. Ces mêmes employés sont soumis aux corrections disciplinaires ordonnées dans le règlement.

Art. 18.

Tout individu ou société qui établira des télégraphes, d'un système quelconque, sans l'autorisation du gouvernement, dans les termes de ce décret, sera correctionnellement puni d'une amende de 200 000 reis.

§ unique. Aussitôt que le gouvernement aura pris connaissance de ce fait, il ordonnera qu'on détruise, par voie administrative, sans intimation ni procédure, tout ce qui aura été fait.

Art. 19

Celui qui dans un mouvement insurrectionnel attaquera le personnel du service public de la télégraphie, et qui le forcera à l'expédition de quelque dépêche, qui empêchera le service télégraphique, ou qui dans la même intention détruira les appareils, sera puni d'une amende de 50 000 à 200 000 reis, et de trois mois à un an de prison, sans compter les peines qu'il aura méritées par le fait d'insurrection.

Art. 20.

Sera puni d'une amende de 20 000 à 100 000 reis, et d'un à six mois de prison, celui qui, de propos délibéré, détruira volontairement les appareils télégraphiques dans les stations ou en dehors, ou qui de quelque manière que ce soit interrompra ou contribuera à l'interruption du service de la télégraphie publique, dirigé par le gouvernement ou par des compagnies dûment autorisées.

Art. 21.

Sera puni d'une amende de 1,000 à 20,000 reis, celui qui, par inattention, abattra ou détruira les poteaux, les cloches, les fils ou tous autres appareils du service télégraphique du gouvernement, ou dûment autorisé par lui.

Art. 22.

Seront punis d'une amende de 20 000 à 200 000 reis, sauf quelque disposition spéciale de leurs traités, les concessionnaires des lignes télégraphiques destinées au service public, qui, par inadvertance ou par malveillance, auront causé eux-mêmes ou par leurs employés, des interruptions dans le service.

Art. 23.

Le recouvrement des frais dont il est fait mention dans l'art. 21 sera fait administrativement, le tout, ainsi qu'on procède en matière de grande voie, ayant pour base le compte dûment formulé au bureau de la télégraphie.

Art. 24.

Les employés chargés par le gouvernement de la surveillance et de l'entretien des lignes télégraphiques, sont dûment autorisés à formuler l'acte des violations à ce décret et au règlement.

Art. 25.

Le gouvernement fera les règlements nécessaires pour l'exécution de ce décret.

Art. 26.

Toutes dispositions contraires au présent décret sont et demeurent abrogées.

Que le ministre et secrétaire d'État des travaux publics, du commerce et de l'industrie se le tienne pour ordonné et le fasse exécuter.

Fait au palais d'Ajuda, le 31 décembre 1864.

Roi

Contre-signé ·

JOÃO CHRYSOSTOMO DE ABREU E SOUZA

PARIS. — IMP. SIMON RAÇON ET COMP., RUE D'ERFURTH, 1.

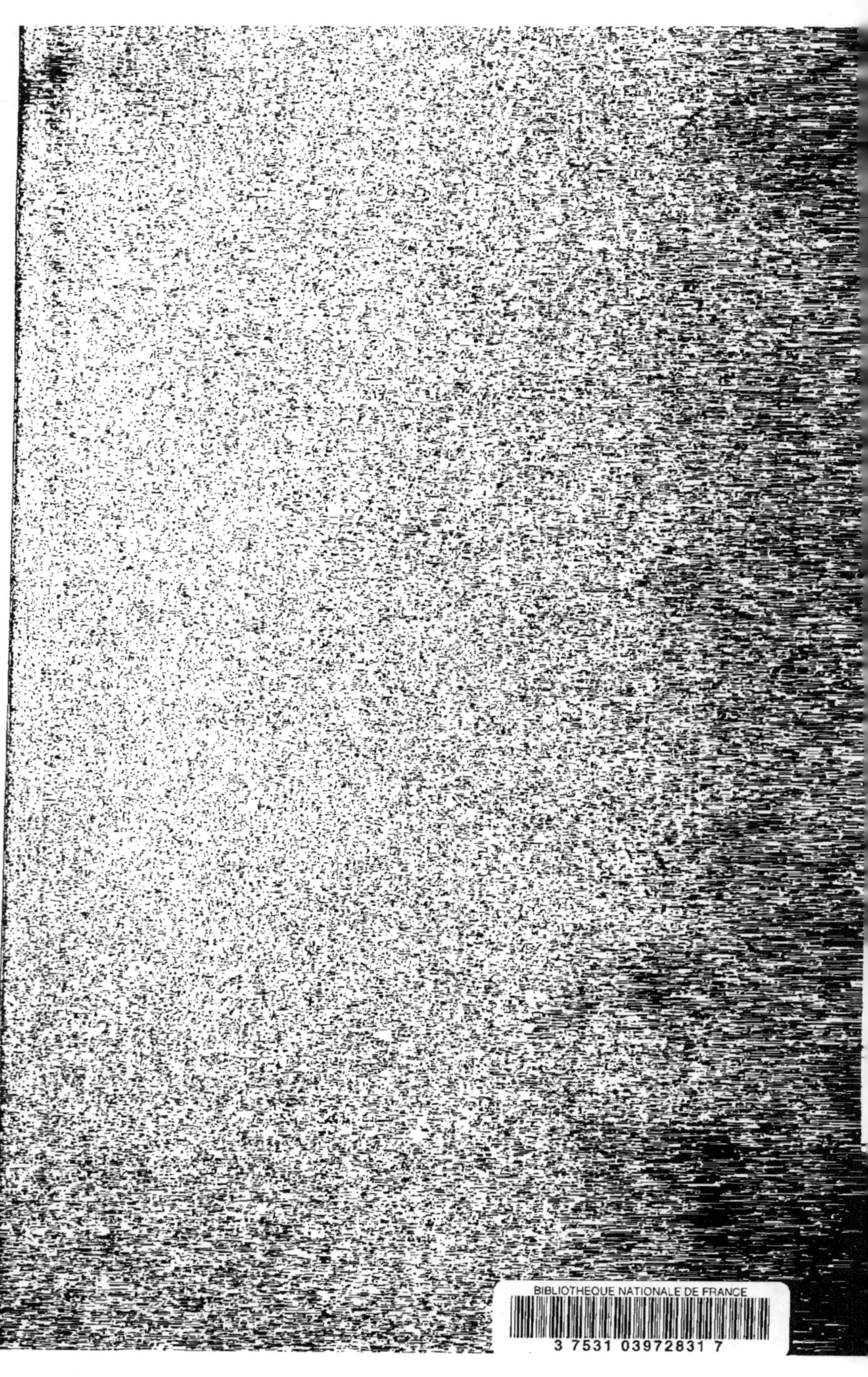

www.ingramcontent.com/pod-product-compliance
Lightning Source LLC
Chambersburg PA
CBHW051619060726
47597CB00004B/1349